I0759595

HIJO

TE CUENTO TU HISTORIA

PARA TI,
HIJO MÍO

PARA: ______________________________

FECHA: ______________________________

Tener hijos me abrió las puertas a un mundo nuevo. El tiempo pasaba volando. Cada día había algún momento en el que ellos me hacían reír, me sorprendían o me conmovían. A lo largo de los años fui recogiendo y atesorando todos esos momentos entrañables, tanto grandes como pequeños —desde una palabra pronunciada de forma graciosa a la primera vez en bicicleta—. Quería retenerlos, no solo para mí, sino también para mis hijos, para que vieran lo mucho que disfrutaba estando con ellos.

Eso me animó a crear este diario en el que podrás recoger anécdotas e historias sobre tu hijo y para él. Y, puesto que cada familia es diferente, tú decidirás cuándo y con qué frecuencia anotas algo.

Creo que este diario será un poco más valioso con cada página que escribas, porque se irá llenando con tus recuerdos de cómo era y cómo es tu hijo. Es un regalo único y personal que podrás completar año tras año para dárselo más tarde. Espero que disfrutes mucho escribiendo.

Con mucho cariño,
Elma van Vliet

ESPACIO
PARA UNA FOTO
NUESTRA

ESTA FOTO SE TOMÓ EL: ____________________

TE ESCRIBO ESTE DIARIO PORQUE:

VIVIMOS AQUÍ:

Y ESTA ES NUESTRA FAMILIA:

ESTO ES LO MEJOR DE NUESTRA FAMILIA:

ESTAS PERSONAS TAMBIÉN
FORMAN PARTE DE NUESTRA VIDA:

ESTO ES LO QUE ME GUSTA DE TI:

FECHA: ______________________

AHORA MIDES ______ CENTÍMETROS

FECHA: ______________________

AHORA PESAS:

FECHA: ____________________

TU TALLA DE ROPA Y DE CALZADO:

FECHA: ______________________

ESTA ES LA ROPA QUE MÁS TE GUSTA LLEVAR:

FECHA: ______________________

TIENES UN VÍNCULO ESPECIAL CON:

FECHA: ______________________

TU MOMENTO FAVORITO DEL DÍA:

FECHA: ____________________

PARA DESAYUNAR TE GUSTA TOMAR:

FECHA: ____________________

PARA CENAR PREFIERES:

FECHA: ____________________

DISFRUTAS DE VERDAD COMIENDO...

FECHA: ______________________

NO TE GUSTA EN ABSOLUTO COMER...

FECHA: ______________________

TE RÍES CUANDO:

FECHA: ______________________

TE ENFADAS SI:

FECHA: ____________________

COSAS QUE SE TE DAN MUY BIEN:

FECHA: ______________________

COSAS QUE AÚN TE CUESTA HACER:

FECHA: ______________________

A MENUDO COMPARTES JUEGOS CON:

FECHA: ______________________

TU(S) ANIMAL(ES) FAVORITO(S):

FECHA: ______________________

★★★

SIENTES MUCHO INTERÉS POR:

FECHA: ______________________

COSAS QUE TE ENCANTA HACER:

FECHA: ______

TU LIBRO PREFERIDO:

FECHA: ____________________

TU PELUCHE PREFERIDO:

FECHA: ____________________

TU LUGAR FAVORITO EN CASA:

FECHA: ______________________

TUS LUGARES FAVORITOS FUERA:

FECHA: ______________________

PALABRAS QUE UTILIZAS A MENUDO:

FECHA: ____________________

ESTÁS MUY GRACIOSO CUANDO DICES ESTA PALABRA:

FECHA: ____________________

TIENES UN POCO DE MIEDO DE:

FECHA: ______________________

CUANDO ESTAMOS FUERA TE FASCINA:

FECHA: ________________

NUESTROS MEJORES PASEOS O VIAJES:

FECHA: ____________________

EL MEJOR MOMENTO DE LA SEMANA:

FECHA: ______________________

TE GUSTA VER ESTO:

FECHA: ______________________

TU JUGUETE FAVORITO:

FECHA:

TE GUSTA CANTAR O ESCUCHAR ESTA CANCIÓN:

FECHA: ____________________

NOS ENCANTA COMPARTIR ESTOS JUEGOS:

FECHA: ______________________

ESTO NO TE GUSTA MUCHO:

FECHA: ______________________

TE ENCANTA(N):

FECHA: ______________________

COSAS QUE SE TE DAN MUY BIEN:

FECHA: ____________________

TE SIENTES MUY ORGULLOSO DE TI MISMO CUANDO...

FECHA: ____________________

ESTA PALABRA ES LA QUE MEJOR TE DESCRIBE:

FECHA: ______________________

CON OTRAS PERSONAS ERES:

FECHA: ____________________

DUERMES ASÍ:

FECHA: ____________________

LO PRIMERO QUE HACES CUANDO TE DESPIERTAS:

FECHA: ______________________

DE MAYOR QUIERES SER:

FECHA: ______________________

ERES FELIZ SI TE DEJO HACER ESTO:

FECHA: ______________________

COSAS QUE PREFIERES HACER CONMIGO:

FECHA: ______________________

TE GUSTA HACER TÚ SOLO:

FECHA: ____________________

TE ENCANTA IR A CASA DE:

FECHA: ______________________

LO QUE MÁS TE GUSTA HACER CON LOS ABUELOS:

FECHA: ______________________

A MENUDO TE LEO:

FECHA: ______________________

ESTA ES TU MÚSICA PREFERIDA:

LO QUE MÁS FELIZ ME HACE ES QUE TÚ Y YO...

CUANDO ESTÁS TRISTE TE CONSUELO ASÍ:

SIENTO MUCHO ORGULLO DE TI CUANDO:

FECHA: ____________________

AHORA MIDES ______ CENTÍMETROS

FECHA: ______________________

AHORA PESAS:

FECHA: ______________________

TU TALLA DE ROPA Y DE CALZADO:

FECHA: ______________________

ESTA ES LA ROPA QUE MÁS TE GUSTA LLEVAR:

FECHA: ____________________

TIENES UN VÍNCULO ESPECIAL CON:

FECHA: ______________________

TU MOMENTO FAVORITO DEL DÍA:

FECHA: ______________________

PARA DESAYUNAR TE GUSTA TOMAR:

FECHA: ______________________

PARA CENAR PREFIERES:

FECHA: ______________________

DISFRUTAS DE VERDAD COMIENDO...

FECHA: ______________________

NO TE GUSTA EN ABSOLUTO COMER...

FECHA: ____________________

TE RÍES CUANDO:

FECHA: ______________________

TE ENFADAS SI:

FECHA: ____________________

COSAS QUE SE TE DAN MUY BIEN:

FECHA: ____________________

COSAS QUE AÚN TE CUESTA HACER:

FECHA: ______________________

A MENUDO COMPARTES JUEGOS CON:

FECHA: ________________

TU(S) ANIMAL(ES) FAVORITO(S):

FECHA: ______________________

SIENTES MUCHO INTERÉS POR:

FECHA: ____________________

COSAS QUE TE ENCANTA HACER:

FECHA: ______________________

TU LIBRO PREFERIDO:

FECHA: ______________________

TU PELUCHE PREFERIDO:

FECHA: ____________________

TU LUGAR FAVORITO EN CASA:

FECHA: ______________________

TUS LUGARES FAVORITOS FUERA:

FECHA: ____________________

PALABRAS QUE UTILIZAS A MENUDO:

FECHA: ______________________

ESTÁS MUY GRACIOSO CUANDO DICES ESTA PALABRA:

FECHA: ______________________

TIENES UN POCO DE MIEDO DE:

FECHA: ____________________

CUANDO ESTAMOS FUERA TE FASCINA:

FECHA: ________________

NUESTROS MEJORES PASEOS O VIAJES:

FECHA: ______________________

EL MEJOR MOMENTO DE LA SEMANA:

FECHA: ______________________

TE GUSTA VER ESTO:

FECHA: ______________________

TU JUGUETE FAVORITO:

FECHA: ______________________

TE GUSTA CANTAR O ESCUCHAR ESTA CANCIÓN:

FECHA: ______________________

NOS ENCANTA COMPARTIR ESTOS JUEGOS:

FECHA: ____________________

ESTO NO TE GUSTA MUCHO:

FECHA: ____________________

TE ENCANTA(N):

FECHA: ______________________

COSAS QUE SE TE DAN MUY BIEN:

FECHA: ______________________

TE SIENTES MUY ORGULLOSO DE TI MISMO CUANDO...

FECHA: ____________________

ESTA PALABRA ES LA QUE MEJOR TE DESCRIBE:

FECHA: ______________________

CON OTRAS PERSONAS ERES:

FECHA: ____________________

DUERMES ASÍ:

FECHA: ______________________

LO PRIMERO QUE HACES CUANDO TE DESPIERTAS:

FECHA: ______________________

DE MAYOR QUIERES SER:

FECHA: ____________________

ERES FELIZ SI TE DEJO HACER ESTO:

FECHA: ______________________

COSAS QUE PREFIERES HACER CONMIGO:

FECHA: ________________

TE GUSTA HACER TÚ SOLO:

FECHA: ______________________

TE ENCANTA IR A CASA DE:

FECHA: ______________________

LO QUE MÁS TE GUSTA HACER CON LOS ABUELOS:

FECHA: ____________

A MENUDO TE LEO:

FECHA: ______________________

ESTA ES TU MÚSICA PREFERIDA:

LO QUE MÁS ME GUSTA DE TI:

ME EMOCIONASTE CUANDO:

ESTOS SON NUESTROS RITUALES FAVORITOS:

MI MOMENTO FAVORITO DEL DÍA CONTIGO:

FECHA: ______________________

AHORA MIDES ______ CENTÍMETROS

FECHA: ____________________

AHORA PESAS:

FECHA: ______________

TU TALLA DE ROPA Y DE CALZADO:

FECHA: ______________________

ESTA ES LA ROPA QUE MÁS TE GUSTA LLEVAR:

FECHA: ______________________

TIENES UN VÍNCULO ESPECIAL CON:

FECHA: ______________________

TU MOMENTO FAVORITO DEL DÍA:

FECHA:

PARA DESAYUNAR TE GUSTA TOMAR:

FECHA: ____________________

PARA CENAR PREFIERES:

FECHA: ____________________

DISFRUTAS DE VERDAD COMIENDO...

FECHA: ____________________

NO TE GUSTA EN ABSOLUTO COMER...

FECHA: ______________________

TE RÍES CUANDO:

FECHA: ______________________

TE ENFADAS SI:

FECHA: ______________________

★★★

COSAS QUE SE TE DAN MUY BIEN:

FECHA: ______________________

COSAS QUE AÚN TE CUESTA HACER:

FECHA: ______________________

A MENUDO COMPARTES JUEGOS CON:

FECHA: ______________________

TU(S) ANIMAL(ES) FAVORITO(S):

FECHA: ____________________

SIENTES MUCHO INTERÉS POR:

FECHA: ______________________

COSAS QUE TE ENCANTA HACER:

FECHA: ______________________

TU LIBRO PREFERIDO:

FECHA: ______________________

TU PELUCHE PREFERIDO:

FECHA: ______________________

TU LUGAR FAVORITO EN CASA:

FECHA: ____________________

TUS LUGARES FAVORITOS FUERA:

FECHA: ______________________

PALABRAS QUE UTILIZAS A MENUDO:

FECHA: ____________________

ESTÁS MUY GRACIOSO CUANDO DICES ESTA PALABRA:

FECHA: ______________________

TIENES UN POCO DE MIEDO DE:

FECHA: ____________

CUANDO ESTAMOS FUERA TE FASCINA:

FECHA: ______________________

NUESTROS MEJORES PASEOS O VIAJES:

FECHA: ____________________

EL MEJOR MOMENTO DE LA SEMANA:

FECHA:

TE GUSTA VER ESTO:

FECHA: ____________________

TU JUGUETE FAVORITO:

FECHA: ______________________

TE GUSTA CANTAR O ESCUCHAR ESTA CANCIÓN:

FECHA: ______________________

NOS ENCANTA COMPARTIR ESTOS JUEGOS:

FECHA: ______________________

ESTO NO TE GUSTA MUCHO:

FECHA: ______________________

TE ENCANTA(N):

FECHA: ____________________

COSAS QUE SE TE DAN MUY BIEN:

FECHA: ______________________

TE SIENTES MUY ORGULLOSO DE TI MISMO CUANDO...

FECHA: ____________________

ESTA PALABRA ES LA QUE MEJOR TE DESCRIBE:

FECHA:

CON OTRAS PERSONAS ERES:

FECHA:

DUERMES ASÍ:

FECHA: ______________________

LO PRIMERO QUE HACES CUANDO TE DESPIERTAS:

FECHA: ______________________

DE MAYOR QUIERES SER:

FECHA: ______________________

ERES FELIZ SI TE DEJO HACER ESTO:

FECHA: ______________________

COSAS QUE PREFIERES HACER CONMIGO:

FECHA: ____________________

TE GUSTA HACER TÚ SOLO:

FECHA: ____________________

TE ENCANTA IR A CASA DE:

FECHA: ____________________

LO QUE MÁS TE GUSTA HACER CON LOS ABUELOS:

CREO QUE MÁS ADELANTE SERÁS:

NUNCA OLVIDARÉ ESTE
MOMENTO ESPECIAL:

ME ENCANTA QUE SEAS MI HIJO PORQUE:

FECHA: ______________________

AHORA MIDES ______ CENTÍMETROS

FECHA: ____________________

AHORA PESAS:

FECHA: ______________________

TU TALLA DE ROPA Y DE CALZADO:

FECHA: ____________________

ESTA ES LA ROPA QUE MÁS TE GUSTA LLEVAR:

FECHA: ______________________

TIENES UN VÍNCULO ESPECIAL CON:

FECHA: ______________________

TU MOMENTO FAVORITO DEL DÍA:

FECHA: ____________________

PARA DESAYUNAR TE GUSTA TOMAR:

FECHA: ______________________

PARA CENAR PREFIERES:

FECHA: ____________________

DISFRUTAS DE VERDAD COMIENDO...

FECHA: ______________________

NO TE GUSTA EN ABSOLUTO COMER...

FECHA: ______________________

TE RÍES CUANDO:

FECHA: ____________________

TE ENFADAS SI:

FECHA: ______________________

COSAS QUE SE TE DAN MUY BIEN:

FECHA: ____________________

COSAS QUE AÚN TE CUESTA HACER:

FECHA: ____________________

A MENUDO COMPARTES JUEGOS CON:

FECHA: ____________________

TU(S) ANIMAL(ES) FAVORITO(S):

FECHA: ______________________

SIENTES MUCHO INTERÉS POR:

FECHA: ____________________

COSAS QUE TE ENCANTA HACER:

FECHA: ____________________

TU LIBRO PREFERIDO:

FECHA: ____________________

TU PELUCHE PREFERIDO:

FECHA: ____________________

TU LUGAR FAVORITO EN CASA:

FECHA: ______________________

TUS LUGARES FAVORITOS FUERA:

FECHA: ____________________

PALABRAS QUE UTILIZAS A MENUDO:

FECHA: ______________________

ESTÁS MUY GRACIOSO CUANDO DICES ESTA PALABRA:

FECHA: ____________________

TIENES UN POCO DE MIEDO DE:

FECHA: ______________________

CUANDO ESTAMOS FUERA TE FASCINA:

FECHA: ______________________

NUESTROS MEJORES PASEOS O VIAJES:

FECHA: ____________________

EL MEJOR MOMENTO DE LA SEMANA:

FECHA: ______________________

TE GUSTA VER ESTO:

FECHA: ______________________

TU JUGUETE FAVORITO:

FECHA: ____________________

TE GUSTA CANTAR O ESCUCHAR ESTA CANCIÓN:

FECHA: ______________________

NOS ENCANTA COMPARTIR ESTOS JUEGOS:

FECHA: ______________________

ESTO NO TE GUSTA MUCHO:

FECHA:

TE ENCANTA(N):

FECHA: ______________________

COSAS QUE SE TE DAN MUY BIEN:

FECHA: ____________________

TE SIENTES MUY ORGULLOSO DE TI MISMO CUANDO...

FECHA: ____________________

ESTA PALABRA ES LA QUE MEJOR TE DESCRIBE:

FECHA: ____________________

CON OTRAS PERSONAS ERES:

FECHA: ______________________

DUERMES ASÍ:

FECHA: ____________________

LO PRIMERO QUE HACES CUANDO TE DESPIERTAS:

FECHA: ______________________

DE MAYOR QUIERES SER:

FECHA: ____________________

ERES FELIZ SI TE DEJO HACER ESTO:

FECHA: ______________________

COSAS QUE PREFIERES HACER CONMIGO:

FECHA: ____________________

TE GUSTA HACER TÚ SOLO:

FECHA: ______________________

TE ENCANTA IR A CASA DE:

FECHA: ______________________

LO QUE MÁS TE GUSTA HACER CON LOS ABUELOS:

ESTAS SON LAS COSAS QUE HE APRENDIDO DE TI:

ESTAS SON LAS LECCIONES DE VIDA QUE QUIERO DARTE:

ESTE ES EL FUTURO QUE SUEÑO PARA TI:

Papel certificado por el Forest Stewardship Council®

EEN BOEK VAN

ELMA VAN VLIET

Título original: *Dagboek voor mijn zoon*
Primera edición: abril de 2025

Printed in Spain – Impreso en España
ISBN: 978-84-01-03004-8
Depósito legal: B-1487-2025

Compuesto en M. I. Maquetación, S. L.
Impreso en Gómez Aparicio, S. L.,
Madrid

L 0 3 0 0 4 8